MARCOS RAMON DA SILVA

FINANÇAS PESSOAIS
Como Planejar!

APRENDIZAGEM RELEVANTE PARA VIDA

Edição 1

Buscai o Senhor Deus enquanto é possível achá-lo, invocai-o
enquanto está perto! (Isaias 55:6)

Sumário

PREFÁCIO

Palavras ao Leitor:

Posso ser honesto com você?

Você fez uma escolha inteligente ao abrir este livro. Neste exato momento, você está dando o primeiro passo para assumir o controle da sua vida financeira, uma decisão que pode transformar completamente o seu futuro. A maioria das pessoas ignora a importância do planejamento financeiro, vivendo mês a mês com incertezas e sem um objetivo claro. Mas hoje, você se diferenciou ao buscar o conhecimento necessário para programar suas finanças e conquistar o equilíbrio e a liberdade que deseja.

Este livro é diferente. Não é apenas mais um guia cheio de fórmulas prontas que muitas vezes não se encaixam na realidade de quem quer começar a se organizar financeiramente. Aqui, vamos traçar juntos um plano detalhado e ao mesmo tempo prático, pensado para ser aplicado em cada aspecto da sua vida, por mais simples ou complexas que sejam suas metas. Ao longo desta leitura, você verá que é possível, sim, organizar suas finanças com facilidade e clareza – sem mistérios, sem complicações.

O que você vai encontrar aqui?

Vou te mostrar como é possível programar suas finanças de maneira quase automática, criando uma rotina de dinheiro inteligente. Primeiro, você entenderá como identificar as oportunidades para programar suas finanças e quais práticas realmente trazem resultados. Depois, vamos falar sobre os principais problemas e obstáculos que a maioria das pessoas enfrenta e porque é tão comum ter dificuldade em alcançar uma estabilidade financeira. Em seguida, exploraremos as causas mais profundas que nos fazem falhar com o dinheiro e, então, vamos finalmente mergulhar na solução completa, detalhando um método que você poderá colocar em prática imediatamente.

Prepare-se para uma nova maneira de ver suas finanças. Este é o primeiro passo para uma mudança definitiva. Vamos começar?

Marcos Ramon da Silva

MODULO 01

Oportunidade para poupar

1.1 Brasil financeiro

A economia do Brasil tem experimentado diversos desafios nos últimos anos, com ciclos de crescimento e recessão, além de uma série de questões estruturais que impactam diretamente a vida dos cidadãos e as finanças pessoais.

1. Inflação

A inflação no Brasil tem sido uma preocupação constante. Nos últimos anos, o país enfrentou períodos de inflação elevada, o que afeta diretamente o poder de compra da população. Quando os preços dos bens e serviços sobem, as pessoas não conseguem comprar a mesma quantidade de produtos com a mesma quantidade de dinheiro. Isso leva a uma redução no padrão de vida e gera incerteza econômica, principalmente para as classes de menor renda, que gastam uma parcela significativa de seus salários com itens essenciais, como alimentos e transporte. O controle da inflação é um dos maiores desafios para os governos, uma vez que uma inflação muito alta pode gerar instabilidade social e econômica.

2. Instabilidade Econômica

A instabilidade econômica no Brasil é alimentada por uma série de fatores internos e externos, como crises políticas, insegurança jurídica, e mudanças no cenário internacional. A oscilação do preço das commodities, a alta carga tributária, e o endividamento público são aspectos que contribuem para um ambiente econômico volátil. Para o cidadão comum, essa instabilidade se traduz em incertezas sobre o futuro, o que pode levar a comportamentos econômicos mais conservadores, como a retenção de investimentos e a redução do consumo.

3. Insegurança Jurídica

A insegurança jurídica é uma das questões que mais afeta a confiança dos investidores e a estabilidade econômica. A falta de clareza e a mudança constante nas regras do jogo, como em questões tributárias, trabalhistas e ambientais, dificultam a tomada de decisões empresariais e pessoais. Para as finanças pessoais, isso pode gerar incertezas sobre a rentabilidade de investimentos e o futuro da economia, o que leva muitos a adotar estratégias mais conservadoras, como o aumento da poupança em vez de investimentos de risco.

4. Desemprego

O desemprego no Brasil é um dos maiores desafios estruturais da economia. A taxa de desemprego impacta diretamente a estabilidade financeira das famílias, uma vez que a perda do emprego resulta em perda de renda e a dificuldade de encontrar uma nova oportunidade de trabalho. Mesmo com a recuperação econômica em alguns períodos, o desemprego tem se mostrado persistente, afetando especialmente os jovens, as mulheres e a população de baixa qualificação. Além disso, muitos brasileiros estão trabalhando em condições precárias, com contratos informais, o que dificulta o acesso a benefícios trabalhistas e à seguridade social.

5. Influência nas Finanças Pessoais

Todos esses fatores têm um impacto direto nas finanças pessoais dos brasileiros. A inflação elevada reduz o poder de compra, o desemprego coloca em risco a estabilidade financeira das famílias, e a instabilidade econômica faz com que muitas pessoas se sintam inseguras sobre o futuro, o que pode levar a um comportamento de economia excessiva ou até de desespero financeiro, com o uso de crédito pessoal ou o endividamento para cobrir gastos do cotidiano. Para muitos brasileiros, a falta de planejamento financeiro e a instabilidade externa podem ser fatores que dificultam a construção de um futuro financeiro seguro. Além disso, o acesso restrito a crédito e a alta taxa de juros torna mais difícil a aquisição de bens e a realização de investimentos. Como resultado, as famílias podem ter dificuldade em planejar para a aposentadoria ou em manter uma reserva de emergência adequada.

A solução para esses problemas envolve um trabalho de longo prazo, com medidas para aumentar a confiança nas instituições, reduzir a inflação, melhorar as condições do mercado de trabalho e oferecer maior segurança jurídica para atrair investimentos e gerar crescimento econômico sustentável. No nível pessoal, é fundamental que os indivíduos se capacitem financeiramente, busquem diversificar suas fontes de renda e adotem práticas de educação financeira para mitigar os impactos da instabilidade econômica e garantir maior resiliência diante das adversidades.

1.2 Razões para o Planejamento Financeiro Familiar

Imprevisibilidade econômica pode se tornar uma oportunidade de melhoria financeira. A economia brasileira é conhecida por sua volatilidade. O aumento de impostos, a flutuação do preço das commodities, a incerteza política e a variação das taxas de juros podem afetar diretamente o orçamento familiar. Com o planejamento financeiro, a família consegue se preparar para imprevistos, criando uma reserva de emergência que permita enfrentar momentos de crise, como desemprego temporário ou aumento inesperado dos preços.

1. **Controle da Inflação e do Custo de Vida** A inflação é um dos principais inimigos das finanças pessoais no Brasil, especialmente porque impacta de forma desigual os diferentes grupos sociais. Os itens básicos, como alimentos, combustíveis e energia, têm sido os mais afetados, tornando a vida das famílias de classe média e baixa mais difícil. Ter um planejamento financeiro permite que a família antecipe o aumento de custos e ajuste seus gastos, evitando o endividamento e a perda do poder de compra.

2. **Endividamento e Uso de Crédito** Com a taxa de juros alta, o crédito no Brasil se torna caro. Muitas famílias recorrem ao crédito pessoal, ao parcelamento no cartão de crédito ou a empréstimos para lidar com as dificuldades financeiras, o que pode gerar um ciclo de endividamento. Um bom planejamento financeiro ajuda a evitar o uso excessivo de crédito, priorizando a quitação de dívidas com juros elevados e o controle dos gastos.

3. **Necessidade de Diversificação de Renda** Em um cenário de desemprego elevado, o planejamento financeiro familiar deve incluir estratégias para diversificação de fontes de renda. Dependendo de um único salário pode ser arriscado, já que a perda de emprego pode comprometer toda a estrutura financeira da casa. Investir em alternativas, como uma renda extra por meio de pequenos negócios, trabalho freelancer ou investimentos, pode ser uma maneira de mitigar o impacto de uma eventual perda de fonte de renda.

4. **Educação Financeira e Prevenção de Crises** O planejamento financeiro também é uma ferramenta para promover a educação financeira dentro da família. Ao compreender a importância do controle do orçamento, da poupança e da administração do dinheiro, é possível tomar decisões mais conscientes. Ensinar filhos sobre a importância do dinheiro e do planejamento pode ser uma forma de prepará-los para um futuro financeiro mais seguro, além de reduzir a probabilidade de crises familiares decorrentes de decisões financeiras impensadas.

5. **Objetivos de Longo Prazo** Um dos principais benefícios do planejamento financeiro familiar é a possibilidade de planejar e alcançar objetivos de longo

prazo, como a compra de uma casa, a educação dos filhos, a aposentadoria e outros sonhos. Sem um planejamento adequado, esses objetivos ficam mais distantes, pois os recursos são gastos sem um propósito claro. O planejamento financeiro permite criar metas realistas e um caminho para alcançá-las, priorizando gastos e poupando para o futuro.

1.3 Planejamento Financeiro Eficaz

- **Diagnóstico da Situação Atual**: É essencial que a família tenha clareza sobre sua situação financeira atual, analisando receitas, despesas, dívidas e ativos. Com esse diagnóstico, é possível entender a real situação financeira e tomar decisões mais assertivas.

- **Orçamento Familiar**: Elaborar um orçamento que detalhe todas as receitas e despesas mensais é fundamental para evitar o desperdício e garantir que as finanças estejam sob controle. Esse orçamento deve ser flexível, permitindo ajustes conforme a realidade econômica e as necessidades da família.

- **Reserva de Emergência**: A recomendação é que se tenha uma reserva financeira capaz de cobrir de 3 a 6 meses de despesas essenciais. Essa reserva proporciona maior segurança diante de situações inesperadas, como perda de emprego, doença ou imprevistos financeiros.

- **Quitação de Dívidas**: Em um cenário de alta taxa de juros, é crucial priorizar o pagamento das dívidas mais caras, como as de cartão de crédito e empréstimos pessoais. A redução de endividamento libera recursos que podem ser direcionados para outros objetivos financeiros.

- **Investimentos**: O planejamento financeiro familiar também deve envolver a criação de um portfólio de investimentos. Isso pode incluir a aplicação em fundos, previdência privada, imóveis ou outros produtos financeiros que ajudem a família a multiplicar seu patrimônio de forma segura, considerando o perfil de risco.

- **Seguros e Proteção**: A aquisição de seguros (saúde, vida, residência) pode ser uma parte importante do planejamento financeiro, pois ajuda a proteger a família contra imprevistos e reduz os impactos financeiros de emergências.

- **Planejamento de Aposentadoria**: No Brasil, a aposentadoria pública pode não ser suficiente para garantir um padrão de vida confortável. Portanto, é fundamental que as famílias considerem alternativas privadas de aposentadoria, como planos de previdência, que permitam uma aposentadoria mais tranquila.

Em um cenário econômico desafiador como o atual, a poupança e o planejamento financeiro familiar são ferramentas imprescindíveis para garantir a estabilidade financeira e a realização de objetivos. Com um planejamento bem estruturado, é possível enfrentar as incertezas do futuro, minimizar os impactos da inflação e do desemprego, e construir uma base sólida para o futuro financeiro da família. Além disso, ao adotar hábitos de controle financeiro e educação financeira, as famílias estarão mais preparadas para lidar com os desafios econômicos, tornando-se mais resilientes e capazes de tomar decisões conscientes e responsáveis.

MODULO 02
Lidando com finanças

2.1 Aprendendo a lidar com finanças

A minha vida financeira (do autor) foi um desastre até os 30 anos de idade. Sempre gastava tudo o que ganhava e ficava sem dinheiro logo após receber o pagamento. Empréstimos, cartões de crédito e cheque especial consumiam toda a minha renda. Uma coisa boa foi que nunca fiquei desempregado, assim consegui suprir as necessidades básicas da minha família com o dinheiro que recebia, entretanto, sobrava pouco dinheiro para viagens, compras e outros luxos.

Cheguei até comprar um imóvel quando tinha 27 anos, mas foi uma compra ruim e tive que passar para outra pessoa com um pouco de prejuízo com menos de um ano após ter comprado. Morei de aluguel praticamente minha vida inteira e quando completei 38 anos comprei o meu primeiro imóvel de boa qualidade para morar e sair do alugue. Consegui pagá-lo em 5 anos. Nessa época comecei a aprender a lidar com dinheiro, mas ainda de maneira muito rudimentar. Não tive uma família estruturada, todos eram muito pobres e não tive pai, éramos oriundos de comunidade, enfim não tinha ninguém para me orientar. Naquela época não existia Internet e comunicação era coisa de ricos e apenas algumas pessoas entendiam de finanças. Até para fazer uma projeção financeira tinha que ser no lápis e caderno, pois não existiam computadores. Windows apareceu em 1995, Internet e computadores se popularizaram depois de 1998 e mesmo assim poucas pessoas tinham acesso e somente em 2002 foi criado o primeiro Smartphone. Não era fácil ter uma visão estratégica financeira há 25 anos, tudo era complicado comparado com os dias atuais. Você dependia do banco para tudo relacionado a finanças e os gerentes de bancos te empurravam toda sorte de coisas para tirar teu dinheiro.

Trabalhei em dois empregos durante 8 anos. Eram 14 horas de trabalho por dia que muitas vezes incluíam os fins de semana. Minha jornada de trabalho começava as 7:00h e terminava a meia noite. Nessa época, comprei um pequeno apartamento na praia de Ubatuba financiado direto com o proprietário. Na época custou 18 mil dólares e paguei em um ano. Fique com ele 18 anos até vendê-lo em 2018. Em 2004 sai da empresa que trabalhei durante 19 anos no Sul de Minas e mudei de cidade. Vendi o apartamento que morava e comprei outro em SJC-SP, em um bairro nobre, e com muita economia consegui pagá-lo em 4 anos. Em 2018 converti os dois apartamentos, o de Ubatuba e o de SJC em outro dois apartamentos, um de menor valor em SJC e no apartamento que moro atualmente em Santos-SP na orla. Contando a história rapidamente tudo pareceu fácil, mas consegui tudo isso com muito trabalho e economia financeira, renunciando a várias outras coisas, inclusive a de possuir carros novos.

2.2 A minha estratégia financeira

Depois de muitos altos e baixos e muita economia, aprendi a duras penas a lidar com o meu dinheiro. Usei uma estratégia que hoje ensino as pessoas e sei que funciona. Mas, é preciso ter força de vontade e resiliência pois as vezes a tentação de comprar coisas podem melar a sua estratégia. Me assunta quando vou ao comércio nesta época do ano (novembro e dezembro) e vejo tanta gente desesperada para comprar com se não houvesse amanhã. Parece que ninguém pensa em poupar um pouco aí chega janeiro e o mundo dessas pessoas desaba. Depois de muitos eventos que passei lá pelos idos de 80, como ter o nome sujo na praça, SPC, Serasa e protestos judiciais, dei um basta em tudo isso, paguei a todos que devia, limpei meu nome e mudei minha maneira de lidar com o dinheiro.

O segredo foi gastar menos do que eu ganhava e poupar parte do dinheiro. Passei a usar a seguinte fórmula: X-20%, onde X era o meu salário e 20% era para poupar. Guardar 20% do teu salário vai te dar muitos benefícios financeiros.

1. Você vai criar uma reserva financeira para as emergências.

2. Você não precisar pegar dinheiro em banco, tais como: empréstimos, cartão de crédito ou cheque especial.

3. Você pode comprar coisas que precisa à vista, negociar melhor e ganha muito desconto na hora de pagar.

4. Tenho certeza de que você não vai se apertar financeiramente por algum imprevisto.

Muita gente já falou para mim que isso é impossível pois o dinheiro que ganha não paga nem as contas. Mas, temos uma questão: se você a partir de amanhã passar a ganhar 20% a menos do que ganha hoje, o que vai acontecer? você vai ter que se adaptar e ajustar seu dinheiro para sobreviver com o que ganhar, pois não há outra alternativa. Garanto que não é impossível o que eu estou propondo, porque eu faço isso há mais de 30 anos e certamente as poucas coisas que consegui foi usando essa estratégia.

2.3 Crie a sua estratégia

Seguindo os conselhos deste livro e aplicando corretamente a estratégia de poupar, certamente você vai se surpreender com a quantidade de dinheiro que você estava perdendo por não saber utilizá-lo corretamente. Estruture seus gastos, definas as prioridades, estabeleça metas, poupe e faça um planilha mesmo que seja em um caderno e os resultados apareceram muito brevemente.

Identifique seus gastos fixos mensais, reveja as suas prioridades, estabeleça um limite para seus gastos pessoais mensais, crie um fundo de reserva, faça investimento com a sua reserva ou aplique na poupança se não souber fazer. Não troque de carro se você não precisar realmente pois trocar de carro é perda de dinheiro certa. Carro não é investimento e só traz gastos financeiros. Se você somar quanto custa para manter um carro você vai se surpreender, mesmo que esse carro fique parado na garagem. Programe sua vida financeira.

2.4. Programando Suas Finanças para o Futuro

Você já se perguntou por que algumas pessoas parecem ter suas finanças sob controle, enquanto outras vivem em um ciclo constante de apertos e incertezas? A diferença raramente está na quantidade de dinheiro que elas ganham. Na verdade, o segredo está em algo mais simples: a programação financeira. Imagine por um momento que suas finanças fossem como uma máquina que, uma vez programada, opera de forma automática. Você decide o destino do seu dinheiro com antecedência, sabendo que cada centavo tem uma função específica. E o mais importante: essa máquina funciona ao seu favor, dia após dia, eliminando a ansiedade e trazendo clareza sobre o seu futuro financeiro. Programar as finanças é mais do que controlar gastos; é criar um sistema onde seu dinheiro trabalha para você.

2.5 O que significa programar suas finanças?

Programar suas finanças significa, essencialmente, definir uma estrutura organizada para o seu dinheiro, onde cada elemento tem um propósito claro e alinhado com seus objetivos pessoais. Diferente de "controlar gastos" de forma restritiva, essa abordagem permite que você crie uma rotina sustentável, que se ajusta ao seu estilo de vida, ao invés de ir contra ele.

Vamos entender isso através da história fictícia de uma pessoa chamada de **Ana**, uma jovem que, como muitos, estava presa em uma rotina financeira sem planejamento. Todo início de mês, Ana sentia que tinha um controle razoável sobre seu dinheiro. Ela sabia o quanto precisava pagar nas contas fixas e o quanto sobrava para os demais gastos. No entanto, ao longo do mês, surgiam despesas imprevistas, e a sobra que ela pensava ter logo desaparecia. Ana começou a perceber que, sem um plano estruturado, ela estava apenas "reagindo" financeiramente. Toda vez que um gasto imprevisto surgia, sua única opção era cortar os pequenos prazeres ou deixar de guardar dinheiro.

Primeiro, ela mapeou todas as despesas e dividiu seus gastos em categorias claras. Em seguida, Ana começou a automatizar pagamentos e transferências, destinando uma parte fixa de seu salário para investimentos logo após o recebimento. Gradualmente, o estresse de lidar com o dinheiro foi se dissolvendo, porque Ana sabia exatamente para onde cada valor estava indo e tinha a segurança de que suas metas estavam sendo alcançadas.

2.6 Por que programar suas finanças

Programar suas finanças oferece uma oportunidade de estabelecer uma relação mais leve e segura com o dinheiro. Com um sistema automatizado, você elimina o peso das decisões financeiras diárias e transforma o processo em algo natural, que simplesmente funciona. Pense nisso como o piloto automático das finanças: uma vez que você programa o destino, a viagem segue sem desvios.

Além disso, quando você programa suas finanças, cria uma estrutura que permite realizar sonhos, por mais simples ou ambiciosos que sejam. Quer começar a viajar regularmente? Comprar uma casa? Ter a liberdade de trabalhar menos para passar mais tempo com a família? Programar suas finanças significa que você terá clareza sobre o caminho necessário para alcançar esses objetivos.

2.7 O que você precisa saber para começar?

Antes de detalhar as etapas, vou adiantar um pouco da jornada que vamos seguir.

Programar suas finanças envolve quatro passos fundamentais:

1. **Mapeamento Financeiro** - Entender profundamente suas entradas e saídas de dinheiro, identificando onde cada centavo está sendo usado.

2. **Definição de Objetivos** - Estabelecer metas claras, com prazos realistas e valores específicos, para que você tenha um propósito em cada movimento financeiro.

3. **Automatização de Transações** - Configurar pagamentos automáticos para despesas essenciais e transferências para contas de poupança ou investimento.

4. **Monitoramento e Ajuste** - Acompanhar seus progressos e fazer ajustes conforme necessário, mantendo-se sempre alinhado aos seus objetivos.

Esses passos vão guiá-lo ao longo deste e-book, formando a base de uma programação financeira sólida e sustentável. No próximo capítulo, vamos falar sobre os desafios mais comuns que podem surgir ao longo do caminho e porque tantas pessoas acabam presas em ciclos financeiros problemáticos.

23

2.8 Resumo do Módulo 2:

- Programar suas finanças é uma forma de criar um sistema que funciona automaticamente, aliviando o estresse financeiro e garantindo clareza no uso do dinheiro.

- A história de Ana mostrou como a programação financeira pode ajudar a transformar a relação com o dinheiro.

- Esta é uma oportunidade de construir um futuro mais previsível e seguro, onde seus objetivos pessoais são o foco.

2.9 Atividade Prática do Modulo 2:

1. **Reflexão Inicial**: Anote quais são seus três principais objetivos financeiros hoje. Eles podem ser de curto, médio ou longo prazo. Identifique quais são as maiores dificuldades que você enfrenta para alcançá-los.

2. **Planejamento Inicial**: Faça uma lista simples das suas despesas fixas e variáveis. Separe essas categorias e anote um valor médio de cada uma. Isso servirá como base para o próximo capítulo, onde vamos identificar os principais "vilões" do seu orçamento.

MODULO 03
Finanças Pessoais

3.1 Os Grandes Vilões

Você já se encontrou em uma situação em que, por mais que se esforce para economizar, o dinheiro parece desaparecer sem explicação? Esse é um cenário bastante comum, e a razão para isso é simples: muitas vezes, são os pequenos erros diários que sabotam nosso orçamento, mesmo que nem percebamos. Vamos falar sobre os "vilões" das finanças pessoais, aqueles problemas que passam despercebidos, mas têm um impacto profundo e negativo na sua vida financeira.

3.2 Os vilões invisíveis que esvaziam sua conta

Vamos começar identificando os principais "vilões" das finanças, que são os erros e hábitos que drenam nosso dinheiro sem que a gente perceba. Conheça alguns deles:

1. **Gastos Invisíveis:** Sabe aqueles pequenos valores que parecem insignificantes? O café diário, a "passadinha" na padaria, o lanche de última hora? Isoladamente, esses gastos parecem inofensivos, mas quando somados, podem representar uma fatia importante do seu orçamento. Esses são os gastos invisíveis: saídas

pequenas que passam despercebidas, mas, ao final do mês, representam valores expressivos.

2. **Assinaturas e Serviços Automáticos:** Em um mundo digital, é comum pagar por serviços como plataformas de streaming, aplicativos de treino ou até planos de assinatura de revistas. O problema é que, muitas vezes, acumulamos assinaturas que nem utilizamos com frequência. Esses débitos automáticos, por serem pequenos e recorrentes, acabam sendo esquecidos e deixam de fazer sentido, representando desperdício de dinheiro.

3. **Compras Impulsivas:** O consumo impulsivo é outro vilão das finanças pessoais. Aquele desejo momentâneo de comprar algo, geralmente movido por promoções "imperdíveis" ou por marketing persuasivo, nos leva a gastar dinheiro em produtos que não são necessários e que nem sempre trazem satisfação duradoura. As compras impulsivas são responsáveis por desviar o orçamento e atrasar a conquista de objetivos maiores.

4. **Uso Descontrolado do Cartão de Crédito:** O cartão de crédito pode ser uma ferramenta poderosa quando bem administrado, mas, se utilizado sem planejamento, torna-se um dos maiores vilões das finanças pessoais. Os juros do crédito rotativo e o acúmulo de parcelas criam uma

falsa sensação de que o dinheiro está "sob controle", quando, na verdade, está se acumulando em dívidas.

5. **Falta de Planejamento para Emergências:** Um dos maiores erros que se pode cometer é não reservar parte da renda para emergências. Imprevistos acontecem – sejam eles de saúde, com o carro ou em outros aspectos da vida. A ausência de uma reserva de emergência leva muitas pessoas a contraírem dívidas desnecessárias em momentos de crise, agravando a situação financeira.

3.3 Erros que afetam sua programação financeira

Esses erros não só impedem que você poupe dinheiro, mas também criam um ciclo onde a falta de controle financeiro gera estresse e limita as suas escolhas. Imagine o peso emocional de estar sempre preocupado com contas a pagar e a sensação de insegurança por nunca saber ao certo como vai fechar o mês.

Programar suas finanças depende, antes de tudo, de eliminar esses "vilões". Ao identificá-los e corrigi-los, você abre caminho para um sistema financeiro mais saudável e que realmente funcione para alcançar suas metas.

3.4 O primeiro passo: Entender e Organizar

Então, qual é o primeiro passo para superar esses vilões e começar a programar suas finanças de forma eficaz? A resposta é entender e organizar. Esse é um dos momentos mais importantes da sua programação financeira. Quando você tem clareza sobre onde o seu dinheiro realmente está indo, fica mais fácil eliminar os gastos que não agregam e redirecionar o seu orçamento de forma inteligente.

3.5 Aqui está como você pode fazer isso:

1. **Faça um Mapeamento Completo:** Anote todas as suas despesas, desde as fixas até as variáveis e os pequenos gastos. Essa anotação pode ser feita em um caderno, em uma planilha digital ou com o auxílio de um aplicativo de finanças. O importante é que você tenha uma visão completa de todos os valores.

2. **Separe os Gastos por Categoria:** Dívida suas despesas em categorias como alimentação, lazer, transporte, saúde e emergências. Isso vai te ajudar a entender melhor como seu dinheiro é distribuído e onde estão os pontos que precisam de ajustes.

3. **Defina um Orçamento para Cada Categoria:** Com base no levantamento das suas despesas, defina um valor máximo que você poderá gastar em cada categoria. Essa limitação ajuda a criar uma noção de controle e evita que as despesas passem dos limites.

4. **Revise Regularmente:** Um erro comum é organizar as finanças uma vez e achar que o trabalho está feito.

Revisar seu orçamento periodicamente, seja a cada semana ou mês, vai manter você no caminho certo e permitirá ajustes conforme necessário.

A partir desses passos, você começa a tomar as rédeas do seu dinheiro, eliminando o descontrole e os desperdícios. No próximo capítulo, vamos explorar porque muitos de nós acabam caindo nos mesmos erros e quais são as causas mais profundas que nos levam a tomar decisões financeiras prejudiciais.

3.6 Resumo do Modulo 3:

- Os grandes vilões das finanças pessoais são os gastos invisíveis, assinaturas automáticas, compras impulsivas, uso inadequado do cartão de crédito e a ausência de reserva de emergência.
- Esses problemas sabotam o orçamento e criam um ciclo financeiro negativo, dificultando a programação financeira.
- O primeiro passo para superar esses vilões é entender e organizar as finanças, mapeando despesas, criando categorias e definindo um orçamento.

3.7 Atividade Prática do Modulo 3:

1. **Identificação dos Vilões:** Faça uma lista dos "vilões" que você percebe na sua própria vida financeira.

Identifique, por exemplo, assinaturas que não usa, pequenos gastos diários que passam despercebidos e compras impulsivas recentes.

2. **Criação do Orçamento:** Com a lista de despesas que você mapeou no final do Capítulo 1, defina um orçamento para cada categoria. Escolha limites realistas e evite cortar tudo de forma drástica para que a programação financeira seja sustentável e aplicável ao longo do tempo.

MODULO 04

As Causas

4.1 Por Que Falhamos?

Já reparou como é comum ter boas intenções para as finanças, mas, mesmo assim, acabar cometendo os mesmos erros? Isso acontece com muita gente, e não é uma questão de falta de força de vontade. Por trás dos deslizes financeiros, existem fatores emocionais e psicológicos que influenciam diretamente as nossas escolhas. Para superar esses obstáculos, é essencial entender o que nos leva a essas decisões. Vamos explorar as causas mais profundas que dificultam o controle financeiro e o que você pode fazer para se libertar delas.

4.2 A busca por gratificação imediata

Nosso cérebro é programado para buscar prazer imediato. Quando compramos algo que desejamos, sentimos uma satisfação instantânea, uma sensação de recompensa. É por isso que o consumo impulsivo é tão atrativo e, ao mesmo tempo, tão perigoso para o bolso. A gratificação imediata leva muitas pessoas a fazerem escolhas que comprometem o futuro em troca de um prazer momentâneo. A solução para esse problema passa por desenvolver o que chamamos de disciplina emocional. Isso significa aprender a identificar as tentações de compras impulsivas e criar um intervalo para refletir. Da próxima vez que sentir vontade de comprar algo por impulso, pare e pergunte-se: "Isso realmente vai me trazer felicidade ou só satisfação temporária? Esse gasto vai me ajudar a chegar mais perto do meu objetivo financeiro?"

4.3 Falta de educação financeira

Outra causa comum dos problemas financeiros é a ausência de educação financeira. A maioria das pessoas cresce sem aprender como lidar com dinheiro, seja na escola ou em casa. Essa falta de orientação gera insegurança e leva a decisões erradas, pois sem uma base sólida, ficamos mais propensos a cometer erros.

A boa notícia é que a educação financeira é acessível e prática. Com o conhecimento certo, é possível aprender a gerir as finanças de maneira segura e eficaz. Uma sugestão é dedicar um tempo semanal para ler sobre finanças ou acompanhar conteúdos educativos online, fortalecendo sua compreensão e confiança para fazer melhores escolhas.

4.4 O efeito "todo mundo faz"

Já percebeu como tendemos a gastar mais quando estamos em grupo? Isso acontece porque, muitas vezes, agimos no modo "automático", querendo fazer parte do grupo e não parecendo "diferentes" ao evitar certos tipos de gastos. Esse comportamento é chamado de efeito de conformidade social, e ele pode gerar gastos que não são realmente importantes para o seu bem-estar, mas que você faz apenas para acompanhar o ritmo das pessoas ao seu redor. Para evitar cair nessa armadilha, pergunte-se sempre: "Eu realmente preciso disso? Esse gasto está alinhado com as minhas prioridades?" Ao fazer essa reflexão, você fortalece o controle sobre as suas decisões e consegue se manter mais fiel ao seu planejamento.

4.5 A crença limitante de que "dinheiro é complicado"
Muitas pessoas carregam a ideia de que lidar com dinheiro é algo difícil e complexo, o que cria uma resistência interna. Esse bloqueio pode ser resultado de experiências passadas negativas, como endividamento ou frustrações financeiras. A consequência é que, por acreditar que dinheiro é complicado, acabamos evitando lidar com ele diretamente, o que apenas aumenta os problemas.

A solução para esse ponto está em adotar uma mentalidade de "pequenos passos". Comece com pequenas ações diárias, como registrar seus gastos e definir metas simples. À medida que você for vendo os resultados, a sensação de que "dinheiro é complicado" vai sendo substituída pela ideia de que você está no controle.

4.6 Redefinindo prioridades financeiras

Agora que você entende as causas por trás das decisões financeiras prejudiciais, está mais preparado para redefinir suas prioridades. Esse é um passo fundamental para o sucesso na sua programação financeira. Redefinir prioridades significa identificar o que realmente importa para você e alinhar seu orçamento com esses valores.

Como redefinir prioridades financeiras?

1. **Reflita sobre seus valores**: Pense sobre o que realmente tem valor na sua vida. Ser financeiramente independente? Viajar? Conquistar um imóvel? Suas prioridades devem estar conectadas a esses valores.

2. **Estabeleça metas claras**: Com base nos seus valores, defina metas financeiras de curto, médio e longo prazo. Por exemplo, economizar para uma reserva de emergência em seis meses ou poupar para uma viagem em um ano.

3. **Direcione seu orçamento de acordo com as prioridades**: Agora que você tem clareza sobre o que realmente importa, redirecione os recursos. Gaste

menos com o que não é essencial e concentre-se no que vai trazer realizações de longo prazo.

Com essas novas prioridades, você vai perceber que a programação financeira se torna mais natural e até mesmo motivadora, pois avançará na direção de metas que realmente importam para você. No próximo capítulo, vamos explorar em detalhes como aplicar um método prático para transformar essas metas em uma programação financeira completa, ajustada ao seu estilo de vida.

4.7 Resumo do Modulo 4:
- O consumo impulsivo e a busca por gratificação imediata são algumas das principais causas dos erros financeiros.
- A falta de educação financeira, o efeito de conformidade social e crenças limitantes também dificultam o controle financeiro.
- Redefinir prioridades financeiras, com base em valores pessoais e metas claras, é o próximo passo para alcançar uma programação financeira que funcione.

4.8 Atividade Prática do Modulo 4:
1. **Reflexão de Prioridades**: Anote as três coisas que mais importam para você na vida e como o dinheiro

pode ajudar a alcançar esses objetivos. Relacione seus valores com suas metas financeiras.

2. **Lista de Metas**: Com base na reflexão, crie uma lista de metas financeiras em três prazos: curto (6 meses), médio (1-2 anos) e longo prazo (5 anos ou mais). Essa lista servirá de base para o próximo capítulo.

MODULO 05
A Solução Detalhada

5.1 Criando Sua Programação Financeira

Agora que você já entende as causas dos problemas financeiros e redefiniu suas prioridades, chegou o momento de transformar esse conhecimento em um plano prático. Criar uma programação financeira é como definir as regras de um jogo onde o objetivo final é alcançar segurança, liberdade e realização pessoal. A partir daqui você vai construir um sistema financeiro que se ajusta ao seu estilo de vida, é fácil de manter e traz resultados reais.

5.2 Passo 1: Defina metas específicas e realistas

O primeiro passo é estabelecer metas claras. Lembra das prioridades que você identificou no capítulo anterior? Agora, vamos traduzi-las em objetivos financeiros específicos, com valores definidos e prazos realistas.

1. **Metas de curto prazo (até 6 meses)**: São objetivos mais imediatos, como criar uma reserva de emergência inicial ou quitar uma dívida.

2. **Metas de médio prazo (1 a 2 anos)**: Aqui entram planos que demandam mais tempo, como juntar para uma viagem ou comprar um eletrodoméstico de maior valor.

3. **Metas de longo prazo (5 anos ou mais)**: Esses são os objetivos que exigem planejamento de longo prazo, como a compra de um imóvel, uma aposentadoria confortável ou um fundo para a educação dos filhos.

Dica prática: Escreva cada meta com detalhes. Por exemplo, em vez de apenas dizer "juntar dinheiro", escreva "juntar R$ 5.000 em 6 meses para a reserva de emergência". A especificidade dá clareza e motivação.

5.3 Passo 2: Crie um orçamento funcional e ajustável

Ter um orçamento é fundamental para a programação financeira. Ele será o guia que orientará todos os seus gastos e ganhos, permitindo que você acompanhe o progresso rumo às metas que definiu. O segredo de um orçamento funcional é a simplicidade; ele precisa se encaixar no seu dia a dia sem se tornar um peso.

1. **Liste sua renda**: Inclua todo o dinheiro que entra no mês, seja ele de um salário fixo, rendimentos extras ou freelances. Isso dará uma visão exata de quanto você pode usar.

2. **Separe as despesas em categorias**: Divida suas despesas em categorias principais, como moradia, alimentação, transporte, lazer e emergência. Isso

ajuda a visualizar onde estão os maiores gastos e onde podem ocorrer ajustes.

3. **Estabeleça limites**: Para cada categoria, defina um valor máximo. Por exemplo, se você gasta muito com alimentação fora de casa, defina um limite para não ultrapassar e, assim, controlar melhor o orçamento.

4. **Revise e ajuste**: Periodicamente, revise o orçamento e ajuste o que for necessário. A flexibilidade é importante para que ele funcione a longo prazo.

5.4 Passo 3: Automatize suas finanças

A automatização das finanças é o segredo para garantir que o plano continue funcionando mesmo em dias corridos ou em períodos em que você está mais distraído. É como se você programasse uma parte do seu dinheiro para ir automaticamente para onde é mais necessário, sem precisar lembrar ou fazer manualmente.

1. **Automatize as transferências para a poupança ou investimento**: Programe transferências automáticas para uma conta de poupança ou para uma aplicação assim que receber seu salário. Com isso, você se compromete a poupar antes de gastar, criando uma reserva de forma consistente.

2. **Configure os pagamentos fixos**: Use a automatização para pagar contas recorrentes, como

aluguel, energia, internet e outros compromissos. Isso evita atrasos e elimina o risco de juros desnecessários.

3. **Crie uma rotina de revisão mensal**: Separe um dia no mês para revisar as metas e o orçamento. Isso ajuda a manter o controle e ajustar qualquer variável nova que apareça.

5.5 Passo 4: Faça o seu dinheiro trabalhar

Para construir um futuro financeiro mais seguro e alcançar seus objetivos de longo prazo, é essencial que o seu dinheiro trabalhe para você através de investimentos. A ideia aqui não é se tornar um especialista de um dia para o outro, mas sim começar com investimentos simples e seguros que se adequem ao seu perfil.

1. **Defina seu perfil de investidor**: Existem três perfis principais – conservador, moderado e arrojado. Se você está começando, pode se identificar mais com o perfil conservador, que prioriza a segurança do capital.

2. **Escolha investimentos que combinem com suas metas**: Para metas de curto prazo, considere opções de investimento mais seguras e com alta liquidez, como o Tesouro Direto ou CDBs. Para metas de longo prazo, opções como fundos de ações ou previdência privada podem ser interessantes.

3. **Invista de forma recorrente**: A regularidade é mais importante do que o valor inicial. A cada mês, invista o quanto puder para criar o hábito e garantir que seu dinheiro cresça ao longo do tempo.

5.6 Passo 5: Monitore e ajuste o plano

Programar as finanças não é um processo rígido, mas sim dinâmico. À medida que sua vida muda e suas metas evoluem, será necessário fazer ajustes para que o plano continue funcionando. Reserve um tempo para avaliar os progressos e fazer as correções necessárias.

1. **Acompanhe o desempenho dos investimentos**: Avalie se os investimentos estão atingindo o retorno esperado e, se necessário, faça ajustes.

2. **Reavalie suas metas periodicamente**: Às vezes, novas metas surgem e algumas antigas deixam de ser prioridade. Faça ajustes para que seu plano reflita a realidade.

3. **Celebre as conquistas**: Cada meta alcançada merece ser comemorada. Reconhecer os avanços reforça sua motivação para seguir em frente com a programação financeira.

Com esses passos, você terá um sistema financeiro que funciona de forma prática, automatizada e alinhada com as suas metas. Este é o ponto onde suas finanças passam a trabalhar ao seu favor, trazendo tranquilidade e controle. No próximo e último capítulo, faremos uma revisão de tudo o que foi aprendido e destacaremos os passos finais para que você mantenha sua programação financeira ao longo dos anos.

5.7 Resumo do Modulo 5:

- Estabeleça metas específicas e realistas para curto, médio e longo prazo, que servirão como guia da sua programação financeira.
- Crie um orçamento funcional e ajustável para controlar seus gastos e priorizar suas metas.
- Automatize as finanças para poupar, investir e pagar contas sem depender da sua lembrança.
- Comece a investir de forma compatível com seus objetivos e perfil de investidor.
- Monitore e ajuste o plano periodicamente, garantindo que ele continue relevante para suas metas.

5.8 Atividade Prática do Modulo 5:

1. **Definição de Metas e Orçamento**: Anote suas metas de curto, médio e longo prazo, definindo valores e prazos específicos. Depois, crie um orçamento básico que contemple essas metas.

2. **Automatização e Revisão**: Programe pelo menos uma transferência automática para poupança ou investimento e defina uma data mensal para revisar seu orçamento e metas.

3. **Plano de Investimento**: Escolha um tipo de investimento inicial de acordo com seu perfil e faça uma aplicação mínima para começar.

MÓDULO 6
Recapitulando e Avançando

6.1 O Plano para o Sucesso Financeiro

Parabéns por chegar até aqui! Agora, você tem em mãos um verdadeiro mapa para transformar sua vida financeira. Ao longo deste e-book, passamos juntos por cada etapa da programação financeira, desde a identificação dos problemas que comprometem o orçamento até a construção de um sistema que coloca o seu dinheiro para trabalhar a seu favor. Mais do que nunca, você está preparado para tomar o controle das suas finanças e alcançar as metas que tanto deseja. Mas antes de encerrar, vamos revisar os passos fundamentais e as ferramentas que você adquiriu. E, claro, vou te dar algumas dicas finais para que você continue nessa jornada com confiança e motivação.

6.2 Resumo dos passos para programar suas finanças

1. **Reconheça a grande oportunidade que é programar suas finanças**: No primeiro capítulo, vimos como a programação financeira pode transformar o seu futuro e eliminar o estresse diário com dinheiro. Ao definir objetivos claros e seguir um plano consistente, você está investindo em uma vida financeira mais leve e segura.

2. **Identifique e elimine os vilões das finanças**: Conhecer os "vilões" que sabotam o orçamento é essencial para o sucesso financeiro. Gastos invisíveis, compras impulsivas, uso descontrolado do cartão de crédito e falta de planejamento para emergências são armadilhas que, se ignoradas, comprometem todo o seu planejamento.

3. **Entenda as causas e reeduque suas prioridades**: Muitas vezes, nossos problemas financeiros têm origem em causas emocionais, como a busca por gratificação imediata ou o desejo de seguir padrões sociais. Compreender esses fatores e redefinir suas prioridades financeiras foi o primeiro passo para criar uma relação mais saudável com o dinheiro.

4. **Construa sua programação financeira com metas, orçamento e automatização**: No Capítulo 4, você aprendeu a definir metas claras e a criar um orçamento prático. Ao automatizar as finanças, você garantiu que parte do seu dinheiro vai para o lugar certo, sempre alinhado com seus objetivos. Agora, você tem um sistema funcional que mantém o controle financeiro no piloto automático.

6.3 Reflexão final

Mantenha o foco e adapte-se às mudanças. A programação financeira é um processo contínuo, que exige compromisso e adaptação. O que você programou hoje pode precisar de ajustes daqui a alguns meses ou anos, e isso é completamente normal. À medida que a sua vida e suas metas mudam, o seu plano financeiro também deve se adaptar. A chave é manter o foco nos seus objetivos e ter a flexibilidade necessária para ajustar a programação quando for preciso. Além disso, lembre-se de que a educação financeira é um aprendizado contínuo. Continue buscando conhecimento, lendo sobre investimentos, acompanhando novas práticas e, sempre que possível, atualizando o seu sistema financeiro. Esse crescimento constante trará cada vez mais confiança e segurança.

6.4 Dicas práticas para o futuro

1. **Celebre cada conquista**: Para manter a motivação, celebre cada objetivo alcançado, por menor que pareça. Isso reforça a importância da programação financeira e faz com que você perceba o quanto vale a pena o esforço.

2. **Busque sempre ajustar o orçamento**: Periodicamente, revise e ajuste o seu orçamento. Pequenas mudanças na sua rotina ou nos seus

objetivos podem exigir que você redistribua os recursos. Manter o orçamento atualizado garante que você continue na direção certa.

3. **Amplie seus conhecimentos sobre investimentos**: Conforme for se sentindo mais seguro, aprofunde-se no mundo dos investimentos. Comece com o básico e, gradualmente, vá conhecendo outras opções, de acordo com seu perfil e objetivos.

4. **Mantenha a disciplina e a paciência**: Resultados financeiros sustentáveis não acontecem de um dia para o outro. Siga com disciplina e paciência, pois, no longo prazo, o retorno será sólido e recompensador.

6.5 O próximo passo é seu

Os ensinamentos sobre como controlar sua vida financeira termina aqui, mas sua jornada com as finanças está apenas começando. Agora, você tem o conhecimento e as ferramentas necessárias para transformar seus planos em realidade. A boa notícia é que, com a programação financeira, cada pequeno passo se soma para levar você na direção de uma vida financeira tranquila, equilibrada e, acima de tudo, em sintonia com os seus sonhos. O que você está esperando para dar o próximo passo? Não deixe para amanhã. A mudança começa agora!

6.6 Resumo do Modulo 6:

- Revimos os passos principais para criar uma programação financeira: definição de metas, identificação dos vilões, compreensão das causas, criação de orçamento e automatização.

- A programação financeira é uma jornada de adaptação e crescimento. Manter o foco e a flexibilidade é essencial.

- Cada conquista financeira deve ser celebrada, reforçando a importância de manter a disciplina e a paciência para o sucesso.

6.7 Atividade Prática do Modulo 6:

1. **Plano de Ação para os Próximos 3 Meses**: Faça uma lista de três ações que você se compromete a implementar nos próximos três meses para manter a sua programação financeira. Podem ser pequenas ações, como revisar o orçamento mensalmente, ajustar uma meta ou investir regularmente.

2. **Comprometimento com o Futuro**: Anote uma mensagem de compromisso para si mesmo sobre o que você quer alcançar financeiramente nos próximos anos e deixe-a em um local visível. Essa mensagem será um lembrete da sua jornada e dos objetivos que estão por vir.

MODULO 07

Investimentos

7.1 Aprendendo a investir

Investimentos financeiros representam formas de alocar recursos para obter retorno financeiro ao longo do tempo. Existem diversas modalidades e estratégias que variam de acordo com o perfil do investidor, objetivos e tolerância a riscos. Abaixo, estão alguns dos principais tipos de investimentos:

1. Renda Fixa

- **Poupança**: É o investimento mais tradicional e seguro, mas com rendimentos baixos, geralmente não compensa a inflação no longo prazo.

- **Tesouro Direto**: Títulos emitidos pelo governo federal, acessíveis e com baixo risco. Opções como o **Tesouro Selic** acompanham a taxa Selic, sendo ideais para curto prazo. Já o **Tesouro IPCA+** é vinculado à inflação, mais adequado para prazos longos e proteção contra perda do poder de compra.

- **CDB (Certificado de Depósito Bancário)**: Emitidos por bancos, oferecem rendimentos melhores que a poupança e podem ter liquidez diária ou prazo fixo. Dependem do emissor para nível de segurança.

- **LCI e LCA**: Letras de Crédito Imobiliário e do Agronegócio. São isentas de imposto de renda, mas têm prazos e valores mínimos mais altos.

2. Renda Variável

- **Ações**: Representam a compra de parte de uma empresa, com possibilidade de ganhos pela valorização ou dividendos. Ações são voláteis e requerem conhecimento do mercado.
- **Fundos Imobiliários (FIIs)**: Permitem investir em imóveis sem comprá-los diretamente. Pagam rendimentos periódicos e são vantajosos para quem busca renda passiva.
- **ETFs (Exchange Traded Funds)**: Fundos de índice que replicam a performance de um índice específico, como o Ibovespa. Oferecem diversificação de forma prática e com baixo custo.
- **Criptomoedas**: Ativos digitais descentralizados, como o Bitcoin. Têm alto potencial de retorno, mas também alto risco devido à volatilidade.

3. Fundos de Investimento

- **Fundos de Renda Fixa**: Investe principalmente em títulos de renda fixa e são considerados seguros, variando em liquidez e rentabilidade.

50

- **Fundos Multimercado**: Aplicam em vários tipos de ativos (renda fixa, ações, moedas) e oferecem diversificação. Têm risco maior, mas visam melhores retornos.
- **Fundos de Ações**: Investe a maior parte em ações e pode ser interessante para o investidor com tolerância a oscilações de mercado.

4. Previdência Privada

- Voltada para o longo prazo e ideal para quem deseja complementar a aposentadoria. Possui dois tipos: o **PGBL** (indicado para quem declara o imposto de renda completo) e o **VGBL** (indicado para quem faz declaração simplificada). A previdência privada oferece benefícios fiscais, mas deve ser analisada quanto às taxas de administração e carregamento.

5. Investimentos Alternativos

- **Crowdfunding Imobiliário**: Investimento coletivo em imóveis, com possibilidade de rendimentos interessantes, embora com menos liquidez.
- **Peer-to-Peer Lending (P2P)**: Consiste em emprestar diretamente para empresas, com retorno superior aos bancos. Requer cuidado na escolha das empresas, pois envolve maior risco.

Estratégias de Investimento

Para decidir qual estratégia adotar, é fundamental conhecer seu perfil de investidor, que geralmente é classificado como **conservador** (prioriza segurança), **moderado** (aceita um pouco de risco) ou arrojado/agressivo (aceita maior risco para obter retornos maiores). É importante considerar a diversificação para reduzir o risco total da carteira, alocando recursos em diferentes tipos de ativos para proteger contra perdas.

Os investimentos são essenciais para construir e proteger o patrimônio, mas exigem planejamento e educação financeira. Avaliar cada opção com base nos objetivos e horizonte de tempo é crucial para uma carteira equilibrada e rentável.

7.2 Como escolher um investimento

Escolher um investimento adequado envolve uma análise cuidadosa do seu perfil como investidor, dos objetivos financeiros e do tempo que você planeja manter o investimento. Aqui estão os principais fatores a serem considerados para fazer uma escolha informada:

1. Defina seu Perfil de Investidor

O perfil de investidor é essencial para identificar os tipos de investimentos que se adequam à sua tolerância ao risco. Ele geralmente é classificado em:

- **Conservador**: Prefere segurança e estabilidade, evitando grandes oscilações. Esse perfil valoriza a preservação do capital, sendo mais propenso a investimentos de renda fixa.
- **Moderado**: Está disposto a correr alguns riscos para buscar rentabilidades melhores, equilibrando segurança e rentabilidade.
- **Agressivo ou Arrojado**: Tem alta tolerância ao risco, visando maior rentabilidade e aceitando a possibilidade de perdas no curto prazo.

2. Determine Seus Objetivos Financeiros

Seus objetivos determinam o tipo de investimento que você deve considerar. Pergunte-se:

- **Curto Prazo**: Precisa do dinheiro em menos de um ano? Renda fixa com liquidez diária pode ser ideal.
- **Médio Prazo**: Planeja um objetivo em 2 a 5 anos, como uma viagem ou um curso? Investimentos moderadamente arriscados, como CDBs e fundos multimercado, podem ser opções viáveis.
- **Longo Prazo**: Para prazos acima de 5 anos, como aposentadoria, ações e fundos de previdência podem oferecer retornos atrativos.

3. Avalie o Horizonte de Tempo

O tempo que você pode manter o investimento sem precisar resgatar é outro fator importante. Em investimentos de renda variável, por exemplo, prazos longos ajudam a "diluir" as oscilações e reduzir o impacto de períodos de volatilidade.

4. Considere a Liquidez

Liquidez é a facilidade e rapidez com que você consegue converter o investimento em dinheiro.

- **Alta Liquidez**: Investimentos com possibilidade de resgate rápido, como Tesouro Selic e CDBs com liquidez diária, são ideais para quem pode precisar do dinheiro a qualquer momento.
- **Baixa Liquidez**: Imóveis e fundos de investimento com prazos maiores oferecem menor liquidez, mas podem ser mais vantajosos para o longo prazo.

5. Analise a Rentabilidade e o Risco

- **Risco**: Entenda o risco de cada investimento e a possibilidade de perda. Ações, criptomoedas e fundos de ações são exemplos de alta volatilidade.
- **Rentabilidade**: Verifique o histórico de rentabilidade, mas lembre-se de que retornos passados não garantem ganhos futuros. Avalie sempre a relação risco-retorno.

6. Pesquise sobre Taxas e Custos

Muitos investimentos possuem taxas, como:

- **Taxa de Administração**: Cobrada em fundos de investimento e previdência.
- **Taxa de Carregamento**: Em previdência privada, é um custo cobrado na entrada ou saída do investimento.
- **Impostos**: A alíquota do imposto varia conforme o tipo de investimento e o tempo de aplicação, como o Imposto de Renda em CDBs e o IOF em investimentos de curto prazo.

7. Diversifique

A diversificação é uma estratégia eficaz para reduzir o risco geral da carteira. Distribua o capital entre diferentes tipos de ativos (renda fixa, renda variável e investimentos alternativos) para minimizar o impacto de eventuais perdas em um setor específico.

Exemplo Prático de Escolha

Imaginemos que você seja um investidor moderado, com um objetivo de médio prazo (5 anos) para formar um patrimônio inicial. Neste caso, uma carteira diversificada com 70% em renda fixa (Tesouro IPCA+, CDBs de médio prazo) e 30% em renda variável (Fundos de Investimento Imobiliário e ETFs) pode oferecer um equilíbrio entre segurança e rentabilidade.

Escolher o investimento certo exige autoconhecimento e planejamento. A análise do perfil de investidor, alinhada ao objetivo financeiro, horizonte de tempo, liquidez e tolerância ao risco, torna a decisão mais fundamentada e diminui as chances de prejuízo.

7.3 O risco de investir

Investir dinheiro envolve riscos que podem variar conforme o tipo de investimento e as condições de mercado. Abaixo estão alguns dos principais riscos que um investidor deve considerar para tomar decisões mais informadas:

1. Risco de Mercado

- Esse é um dos principais riscos em investimentos de renda variável, como ações e fundos imobiliários. Ele se refere à possibilidade de perdas devido à oscilação dos preços dos ativos no mercado.
- Variações na economia, como inflação, taxa de juros e até eventos políticos, podem influenciar o valor dos investimentos, especialmente no curto prazo.

2. Risco de Crédito

- O risco de crédito está relacionado à possibilidade de a instituição emissora (banco, empresa ou governo) não honrar com o pagamento do valor investido ou dos rendimentos prometidos.

- Títulos de empresas privadas, como debêntures e CDBs de bancos pequenos, possuem maior risco de crédito em comparação com o Tesouro Direto, que é garantido pelo governo.

3. Risco de Liquidez

- Liquidez é a facilidade com que um investimento pode ser convertido em dinheiro sem perda de valor. O risco de liquidez é maior em ativos de difícil venda, como imóveis, alguns fundos de investimento e produtos de renda fixa com prazo de vencimento.

- Caso precise de recursos rapidamente, o investidor pode enfrentar dificuldades para resgatar o valor, ou então precisar aceitar uma perda no valor para conseguir a venda.

4. Risco de Inflação

- Esse risco ocorre quando o retorno do investimento não acompanha a inflação, o que reduz o poder de compra dos rendimentos e do capital investido.

- Para proteger-se, muitos investidores optam por ativos indexados à inflação, como o Tesouro IPCA+, que garante uma rentabilidade acima da inflação.

5. Risco Cambial

- Presente em investimentos expostos a moedas estrangeiras, como dólar ou euro. Esse risco é a possibilidade de perda de valor em função da variação do câmbio.
- Para quem investe em ativos internacionais ou tem fundos com exposição cambial, a flutuação das moedas pode impactar os retornos, positivamente ou negativamente.

6. Risco de Reinvestimento

- Esse risco ocorre quando o investidor recebe o capital de volta antes do esperado (por exemplo, em títulos que pagam juros periodicamente) e precisa reinvestir o valor em uma nova aplicação que pode ter rentabilidade inferior.
- Isso pode impactar a rentabilidade total planejada, especialmente em períodos de queda nas taxas de juros.

7. Risco Regulatório

- Alterações na legislação, como impostos ou novas regulamentações, podem afetar os retornos de certos investimentos.

- O risco regulatório é mais presente em setores específicos, como infraestrutura e energia, onde o governo pode intervir na regulamentação, impactando diretamente o desempenho dos ativos.

Como Gerenciar os Riscos

- **Diversificação**: Espalhar o capital entre diferentes ativos diminui a exposição ao risco de um setor ou ativo específico.

- **Estudo e Informação**: Compreender os ativos e os mercados onde se investe é fundamental para reduzir riscos.

- **Alocação de Ativos**: Balancear a carteira entre investimentos mais conservadores (renda fixa) e mais arrojados (renda variável) conforme o perfil de risco.

- **Proteção contra Inflação**: Investir parte do portfólio em ativos atrelados ao IPCA ou outro índice de preços ajuda a proteger o poder de compra.

Todos os investimentos possuem algum nível de risco, inclusive a renda fixa, que é considerada mais segura. O importante é avaliar o quanto se está disposto a arriscar e entender que risco e retorno andam juntos. Ter clareza sobre os objetivos e adotar uma estratégia que combine segurança e rentabilidade é o melhor caminho para uma gestão de risco eficaz.

7.4 Bolsa de Valores

A Bolsa de Valores é uma plataforma onde se negociam ações de empresas, títulos, commodities e outros ativos financeiros. Em sua essência, ela conecta compradores e vendedores, permitindo a negociação desses ativos de forma segura e regulamentada. No Brasil, a principal Bolsa de Valores é a **B3** (Brasil, Bolsa, Balcão), com sede em São Paulo.

O que são Ações?

- Ações representam pequenas frações de uma empresa. Quando você compra uma ação, torna-se sócio da empresa e participa dos lucros e prejuízos dela.
- As empresas vendem ações na Bolsa para captar recursos, o que permite expansão, novos investimentos e desenvolvimento de produtos. Em troca, os investidores que compram ações esperam obter retorno, seja pela valorização dos papéis ou pelo

60

pagamento de dividendos (parte dos lucros distribuída aos acionistas).

Como Funciona a Bolsa de Valores

- **Pregão**: A Bolsa de Valores tem horários específicos para o pregão, que é o período em que as transações podem ser realizadas. No Brasil, o pregão ocorre geralmente das 10h às 17h, com um leilão de abertura e de fechamento para definir os preços iniciais e finais das ações.

- **Oferta e Demanda**: Os preços das ações são influenciados pela oferta e demanda. Quando mais pessoas querem comprar uma ação (alta demanda), o preço tende a subir. Quando mais pessoas querem vender (alta oferta), o preço tende a cair.

- **Índices da Bolsa**: Índices como o **Ibovespa** (principal índice da B3) medem o desempenho de um grupo de ações, oferecendo uma visão geral do mercado.

Como Investir na Bolsa de Valores

1. Abra uma Conta em uma Corretora

- Para comprar ações, você precisa ter uma conta em uma corretora de valores, que é a intermediária entre o investidor e a Bolsa.

- Escolha uma corretora que ofereça bom atendimento, plataforma intuitiva e taxas que se encaixem em seu perfil de investimento.

2. Estude os Tipos de Investimentos na Bolsa

- **Ações**: Permitem investir diretamente em empresas. Requer análise sobre o desempenho e perspectivas de cada empresa.
- **Fundos de Investimento**: Fundos que investem em ações permitem diversificação sem que o investidor precise escolher as ações individuais. Eles são geridos por profissionais.
- **ETFs (Exchange Traded Funds)**: Fundos que replicam índices como o Ibovespa. São uma forma de diversificar com menor custo.
- **Fundos Imobiliários (FIIs)**: Investimentos em imóveis por meio de cotas negociadas na Bolsa, interessantes para quem busca renda passiva.

3. Análise e Escolha as Ações ou Ativos

- **Análise Fundamentalista**: Avalia os fundamentos da empresa, como lucro, endividamento, e perspectivas de crescimento. É uma análise voltada para o longo prazo.

- **Análise Técnica**: Observa o comportamento dos preços e o volume de negociação por meio de gráficos e indicadores. É utilizada para identificar tendências de curto prazo.
- **Perfil do Investidor**: Seu perfil (conservador, moderado ou agressivo) deve guiar suas escolhas na Bolsa. Investidores conservadores podem buscar fundos ou ações de empresas mais estáveis, enquanto os agressivos podem investir em ações de empresas emergentes com maior potencial de crescimento (e risco).

4. Defina uma Estratégia de Investimento
- **Investimento de Longo Prazo**: Compras focadas em valor e crescimento, com a intenção de manter as ações por anos. Ideal para quem acredita no potencial de crescimento de certas empresas.
- **Investimento de Curto Prazo (Trading)**: Compra e venda de ações no curto prazo, aproveitando oscilações de mercado. Envolve maior risco e requer maior acompanhamento.
- **Diversificação**: Distribuir o capital em diferentes setores e ativos reduz o risco. Por exemplo, investir em setores como energia, tecnologia, e financeiro pode

proteger a carteira de oscilações de um setor específico.

5. Acompanhe o Mercado e Faça Ajustes

- **Acompanhamento Regular**: Mesmo para investidores de longo prazo, é importante revisar periodicamente o desempenho das empresas e o mercado.

- **Reavaliação de Estratégia**: Ajuste sua carteira conforme o cenário econômico e suas metas pessoais. Nem sempre é necessário agir rapidamente, mas uma revisão periódica garante que o portfólio esteja alinhado aos objetivos.

Riscos e Benefícios de Investir na Bolsa de Valores

- **Benefícios**: Possibilidade de altos retornos, proteção contra a inflação no longo prazo, e a chance de receber dividendos de empresas lucrativas.

- **Riscos**: Volatilidade e possibilidade de perda parcial ou total do capital investido. Por isso, conhecimento e planejamento são fundamentais.

Investir na Bolsa de Valores pode ser uma excelente forma de construir patrimônio, mas requer estudo, disciplina e uma visão clara dos objetivos. Entender seu perfil de investidor e estudar as empresas e ativos são passos essenciais para obter sucesso e minimizar os riscos.

7.5 Programa de investimento criado pelo Governo

O **Tesouro Direto** é um programa de investimentos do governo brasileiro que permite que pessoas físicas comprem títulos públicos pela internet. Lançado em 2002 pelo Tesouro Nacional em parceria com a B3, ele foi criado para facilitar o acesso dos cidadãos a investimentos de renda fixa de baixo risco, já que esses títulos são garantidos pelo próprio governo.

Como Funciona o Tesouro Direto?

Quando você investe no Tesouro Direto, na prática, está emprestando dinheiro ao governo, que usará esses recursos para financiar suas atividades e investimentos em áreas como saúde, educação e infraestrutura. Em troca, o governo paga juros sobre o valor investido, resultando no seu lucro.

Principais Títulos Disponíveis no Tesouro Direto

Existem diferentes tipos de títulos, cada um com características específicas para atender a diferentes objetivos e prazos de investimento:

Tesouro Selic (LFT):

Características: Esse título é atrelado à taxa Selic, a taxa básica de juros da economia.

Ideal para: Investidores que buscam liquidez e segurança para curto e médio prazo, já que a rentabilidade é diária e acompanha a Selic.

Risco: Baixo, é uma opção conservadora e indicada para reservas de emergência.

Tesouro Prefixado (LTN):

Características: Nesse título, a rentabilidade é definida no momento da compra, ou seja, você sabe exatamente quanto vai receber no vencimento.

Ideal para: Quem quer saber exatamente o quanto o investimento renderá, aproveitando taxas de juros prefixadas.

Risco: Pode haver variação no preço de mercado se o título for vendido antes do vencimento, principalmente se a Selic subir.

Tesouro IPCA+ (NTN-B Principal):

Características: Esse título é corrigido pela inflação (IPCA) e oferece uma taxa de juros fixa, garantindo proteção contra a perda de poder de compra ao longo do tempo.

Ideal para: Investidores com objetivos de longo prazo, como aposentadoria, que querem proteger o dinheiro da inflação.

Risco: Assim como o Tesouro Prefixado, pode apresentar volatilidade se resgatado antes do vencimento, especialmente em cenários de alta de juros.

Tesouro IPCA+ com Juros Semestrais (NTN-B):
Características: Funciona como o Tesouro IPCA+, mas com o diferencial de pagar juros a cada seis meses.
Ideal para: Quem deseja uma renda periódica, como aposentados ou pessoas que queiram complementar sua renda.
Risco: Semelhante ao do Tesouro IPCA+, com oscilações maiores em resgates antes do vencimento.

Vantagens do Tesouro Direto
Baixo Risco: Por ser garantido pelo governo federal, o Tesouro Direto é considerado um dos investimentos mais seguros do mercado.
Acessibilidade: Permite investimentos a partir de valores baixos, o que facilita o acesso para pequenos investidores.
Liquidez: Embora o ideal seja manter o título até o vencimento, o Tesouro Direto permite o resgate antecipado dos títulos em qualquer dia útil.
Proteção contra Inflação: Títulos como o Tesouro IPCA+ protegem o poder de compra, pois são atrelados ao índice oficial de inflação.

Planejamento: Diversos tipos de títulos permitem adequar o investimento ao perfil e ao prazo do investidor.

Custos do Tesouro Direto

Alguns custos podem incidir sobre os investimentos no Tesouro Direto:

Taxa de Custódia: Cobrada pela B3, corresponde a 0,2% ao ano sobre o valor dos títulos. No entanto, alguns títulos, como o Tesouro Selic, podem ter isenção para pequenos valores.

Imposto de Renda: Segue a tabela regressiva de renda fixa, variando entre 22,5% a 15%, dependendo do tempo de aplicação.

Taxa da Corretora: Algumas corretoras isentam a taxa de administração, mas é importante verificar os custos.

Como Investir no Tesouro Direto

Abra Conta em uma Corretora: Escolha uma corretora de valores ou banco autorizado a operar no Tesouro Direto.

Escolha o Título: Analise os objetivos e prazos para escolher o título que mais se adequa ao seu perfil.

Faça a Compra: A compra é feita diretamente pelo site ou aplicativo do Tesouro Direto, em um processo simples e rápido.

Acompanhe o Investimento: É possível consultar o rendimento e outras informações pela plataforma do Tesouro.

O Tesouro Direto é uma excelente opção para quem busca segurança, facilidade e diversificação. Com ele, é possível planejar diferentes metas, protegendo-se da inflação ou garantindo uma taxa fixa, dependendo da escolha do título.

7.6 Principais corretoras no Brasil

No Brasil, o mercado de investimentos oferece várias corretoras confiáveis e bem estabelecidas que facilitam o acesso aos produtos de renda fixa e variável. Aqui estão algumas das principais corretoras do país, conhecidas tanto pela segurança quanto pela variedade de serviços:

1. XP Investimentos

- **Descrição**: Uma das maiores e mais conhecidas corretoras do Brasil, a XP Investimentos é pioneira no mercado de assessoria de investimentos independente.
- **Diferenciais**: Oferece uma vasta gama de produtos, incluindo renda fixa, renda variável, fundos de investimento e assessoria personalizada.
- **Plataforma**: Plataforma robusta com ferramentas para diferentes perfis de investidor, incluindo traders e investidores de longo prazo.

2. BTG Pactual Digital

- **Descrição**: Corretora ligada ao banco BTG Pactual, oferece opções para pequenos e grandes investidores.
- **Diferenciais**: Conta com uma ampla oferta de produtos financeiros, como fundos de investimento, CDBs e uma plataforma de home broker eficiente.
- **Plataforma**: Interface intuitiva e acessível, além de conteúdo educacional para novos investidores.

3. Rico Investimentos

- **Descrição**: Fundada como uma corretora independente e adquirida pela XP Inc., a Rico é voltada para o público que busca simplicidade e boas opções de investimento.
- **Diferenciais**: Boa variedade de produtos de renda fixa, ETFs e ações, e fácil navegação.
- **Plataforma**: Interface simplificada e prática para investidores iniciantes e intermediários, com conteúdo educativo acessível.

4. Clear Corretora

- **Descrição**: Outra corretora do grupo XP, a Clear foca principalmente no público trader, oferecendo operações sem cobrança de corretagem em ações.

70

- **Diferenciais**: Zero corretagem para ações e contratos futuros, sendo uma das corretoras mais econômicas para operações de curto prazo.
- **Plataforma**: Voltada para traders, com ferramentas como o home broker avançado e indicadores para análise técnica.

5. ModalMais

- **Descrição**: ModalMais é uma corretora que também atua como banco digital, oferecendo tanto produtos de investimentos quanto serviços bancários.
- **Diferenciais**: Oferece taxas competitivas e uma vasta gama de produtos, além de produtos próprios de renda fixa (CDBs).
- **Plataforma**: Home broker e aplicativo completos, com funcionalidades para diferentes perfis, incluindo investidores iniciantes e avançados.

6. Inter Invest (Banco Inter)

- **Descrição**: Parte do Banco Inter, oferece uma plataforma de investimentos integrada ao banco digital.
- **Diferenciais**: Taxas zero em renda fixa e corretagem grátis para ações, além de oferecer cashback em alguns investimentos.

71

- **Plataforma**: Interface integrada com a conta digital do Banco Inter, facilitando a gestão de recursos.

7. Nubank Investimentos

- **Descrição**: Corretora relativamente nova, que integra investimentos na NuConta, oferecendo facilidade para clientes Nubank.
- **Diferenciais**: Produtos simples e voltados ao público iniciante, incluindo fundos de investimento e ações.
- **Plataforma**: Aplicativo intuitivo e fácil de usar, sendo ideal para investidores que já são clientes do Nubank.

8. Toro Investimentos

- **Descrição**: Uma corretora com interface moderna e intuitiva, adquirida pela Santander, que visa simplificar o investimento.
- **Diferenciais**: Oferece isenção de corretagem em certos produtos e possui conteúdo educativo.
- **Plataforma**: Interface amigável com ferramentas analíticas e conteúdo para orientação de novos investidores.

9. CM Capital

- **Descrição**: Corretora que oferece uma plataforma completa, com foco tanto em investidores individuais quanto institucionais.
- **Diferenciais**: Opções variadas para renda fixa e variável, além de uma plataforma de trading com foco técnico.
- **Plataforma**: Oferece um home broker com várias ferramentas, atendendo a diferentes perfis de investidor.

10. Órama Investimentos

- **Descrição**: Especializada em fundos de investimento e conhecida por taxas acessíveis e bom suporte ao cliente.
- **Diferenciais**: Grande variedade de fundos de gestores renomados, com foco em simplicidade e qualidade.
- **Plataforma**: Interface fácil de usar, com boa estrutura para quem prefere investir em fundos.

7.6 Dicas para Escolher uma Corretora

- **Custos e Taxas**: Verifique as taxas de corretagem, custódia e administração, além de eventuais taxas para certos produtos.

- **Variedade de Produtos**: Escolha uma corretora que ofereça os tipos de investimento que você pretende explorar.
- **Plataforma e Usabilidade**: A experiência do usuário é importante, especialmente para iniciantes. Teste a plataforma antes de se decidir.
- **Suporte e Atendimento**: Um bom atendimento pode fazer diferença, especialmente se surgirem dúvidas ou problemas.
- **Segurança**: Verifique o cadastro da corretora na CVM (Comissão de Valores Mobiliários) e sua reputação no mercado.

Essas corretoras possuem sistemas regulados e seguros, garantindo que o investidor brasileiro possa acessar o mercado financeiro de forma mais acessível e transparente.

7.7 Por que eu devo investir o meu dinheiro?

Investir o dinheiro é uma prática fundamental para garantir a segurança financeira e aumentar o patrimônio ao longo do tempo. Abaixo estão algumas das principais razões pelas quais investir é vantajoso e essencial:

1. Proteção contra a Inflação
- A inflação reduz o poder de compra do dinheiro ao longo do tempo, tornando o dinheiro "guardado" cada

74

vez menos valioso. Investir é uma maneira de fazer o dinheiro render acima da inflação, garantindo que ele continue a crescer e mantenha seu valor no futuro.

2. Aumento do Patrimônio

- Os investimentos permitem que você aumente seu patrimônio de forma mais significativa do que se deixasse o dinheiro em uma poupança, que tem uma rentabilidade baixa. Com investimentos, você coloca o dinheiro para "trabalhar", aumentando o patrimônio ao longo do tempo.

3. Atingir Objetivos de Vida

- Investir ajuda a alcançar objetivos financeiros, sejam eles de curto, médio ou longo prazo. Isso pode incluir realizar uma viagem, comprar uma casa, financiar a educação dos filhos ou até mesmo se aposentar com segurança financeira.
- Ao investir, você pode planejar cada objetivo e escolher investimentos que estejam alinhados ao prazo e às metas financeiras.

4. Liberdade e Segurança Financeira

- O acúmulo de patrimônio e o crescimento constante dos investimentos proporcionam mais liberdade para tomar decisões no futuro, sem depender de outras fontes de renda ou da instabilidade financeira.

- Além disso, investir ajuda a construir uma reserva de emergência, essencial para lidar com imprevistos, como perda de emprego, problemas de saúde ou grandes despesas.

5. Aposentadoria Tranquila

- O sistema previdenciário público nem sempre oferece uma renda suficiente para uma aposentadoria confortável. Investir ao longo da vida permite que você tenha recursos próprios para uma aposentadoria segura e que mantenha seu padrão de vida.
- Com investimentos, é possível criar um fundo de aposentadoria que cresça com o tempo e ofereça maior tranquilidade.

6. Diversificação de Fontes de Renda

- Investir possibilita a criação de diversas fontes de renda, como dividendos de ações, rendimentos de fundos imobiliários, juros de renda fixa, entre outros.
- Essa diversificação reduz a dependência de uma única fonte de renda, como o salário, e aumenta a segurança financeira.

7. Aproveitar o Poder dos Juros Compostos

- Os juros compostos são uma das maiores forças dos investimentos. Eles permitem que os ganhos sobre o capital sejam reinvestidos, gerando lucros sobre lucros. Isso é essencial para o crescimento exponencial dos investimentos ao longo do tempo.

- Quanto antes você começa a investir, mais tempo terá para aproveitar o efeito dos juros compostos e, assim, fazer seu dinheiro crescer de forma significativa.

8. Aproveitar Oportunidades do Mercado

- Investir permite que você participe do crescimento de empresas, setores e economias, beneficiando-se das oportunidades oferecidas pelo mercado.

- Investindo em ações, fundos e outros ativos, é possível obter retornos expressivos com o crescimento das empresas e com as mudanças econômicas e tecnológicas.

9. Crescimento Profissional e Pessoal

- Investir demanda aprendizado e controle financeiro, o que também desenvolve habilidades valiosas para sua vida pessoal e profissional.

- Conhecer sobre investimentos ajuda a ter uma visão mais estratégica do dinheiro e melhora a capacidade de tomar decisões financeiras com mais segurança e conhecimento.

Investir é uma ferramenta essencial para qualquer pessoa que busca segurança, crescimento financeiro e realização de objetivos. Começar a investir pode ser um desafio inicial, mas com planejamento e escolhas informadas, é possível colher benefícios expressivos ao longo do tempo. Afinal, investir é um compromisso com o próprio futuro financeiro.

MODULO 08

Criptomoedas

8.1 Criptomoedas, vale a pena?

Investir em criptomoedas é um tema que tem ganhado destaque nos últimos anos, especialmente devido ao crescimento de moedas digitais como o Bitcoin, Ethereum, e outras altcoins. Antes de tudo, é essencial entender que as criptomoedas são ativos digitais que utilizam a tecnologia blockchain para registrar transações de maneira descentralizada e segura. Essa tecnologia, que é a base de muitas criptomoedas, visa tornar as transações transparentes e reduzir a necessidade de intermediários, como bancos e instituições financeiras.

1. Principais Criptomoedas

- **Bitcoin (BTC)**: Criada em 2009, é a primeira e a mais conhecida criptomoeda, geralmente comparada ao "ouro digital" devido à sua escassez e popularidade. Muitos investidores veem o Bitcoin como uma reserva de valor.

- **Ethereum (ETH)**: É uma plataforma que permite a criação de contratos inteligentes (smart contracts) e aplicativos descentralizados. Tem ganhado popularidade por sua capacidade de sustentar projetos de finanças descentralizadas (DeFi) e tokens não fungíveis (NFTs).

- **Outras Altcoins**: Existem milhares de outras criptomoedas, como Ripple (XRP), Litecoin (LTC) e Cardano (ADA), cada uma com características e propósitos específicos. Cada uma delas possui um potencial e um perfil de risco diferentes.

2. Vantagens e Desvantagens

- **Vantagens**:
  - o **Descentralização**: Reduz a dependência de bancos e permite transações diretas entre usuários.
  - o **Potencial de valorização**: Algumas criptomoedas já tiveram aumentos de valor significativos ao longo dos anos, atraindo investidores.
  - o **Acessibilidade**: Qualquer pessoa com acesso à internet pode investir em criptomoedas, bastando criar uma conta em uma corretora.
- **Desvantagens**:
  - o **Alta volatilidade**: O valor das criptomoedas pode variar muito em um curto período de tempo, o que aumenta o risco.

- ○ **Risco de segurança**: Embora o blockchain seja seguro, as corretoras e carteiras digitais podem ser alvos de hackers.

- ○ **Regulação incerta**: Muitos países ainda estão em processo de definir como as criptomoedas serão regulamentadas, o que pode impactar o mercado.

3. Formas de Investimento

- **Compra Direta**: Consiste em comprar a criptomoeda e armazená-la em uma carteira digital. Esse método permite ao investidor ter posse direta do ativo.

- **Fundos de Investimento**: Alguns fundos de investimentos oferecem exposição indireta às criptomoedas, o que pode ser uma forma mais segura para iniciantes.

- **Staking e Mining**: Staking permite que você ganhe recompensas ao "travar" suas moedas em uma rede blockchain, enquanto o mining (mineração) consiste no processo de verificar e registrar transações no blockchain, recebendo moedas como recompensa.

4. Estratégias de Investimento

- **Buy and Hold (Comprar e Segurar)**: Muitos investidores compram criptomoedas e as mantêm por longos períodos, esperando que o valor aumente ao longo do tempo.

- **Trading**: Envolve a compra e venda frequente para aproveitar a volatilidade do mercado. É uma estratégia de maior risco e exige conhecimento e experiência.

- **Diversificação**: Assim como em outros investimentos, é prudente não investir tudo em uma única moeda. Diversificar pode ajudar a reduzir o risco total do portfólio.

5. Riscos e Precauções

- **Estudo e Conhecimento**: É fundamental entender bem o mercado de criptomoedas antes de investir, uma vez que ele é mais complexo e dinâmico do que os mercados tradicionais.

- **Carteiras Digitais**: Use carteiras confiáveis e, preferencialmente, carteiras físicas (hard wallets) para armazenamento seguro de criptomoedas.

- **Controle Emocional**: Devido à volatilidade extrema, o investidor deve estar preparado para grandes variações, evitando tomar decisões precipitadas baseadas em emoções.

6. Perspectiva Futuro

O futuro das criptomoedas ainda é incerto, mas muitos especialistas acreditam que elas continuarão a fazer parte da economia global. Com o avanço das regulamentações e o aumento da aceitação em grandes empresas, espera-se que o mercado se estabilize e amadureça, o que pode reduzir a volatilidade e aumentar a segurança para os investidores.

Investir em criptomoedas pode ser uma oportunidade promissora, mas é crucial fazer uma análise detalhada e entender o nível de risco envolvido. Diferente de ações ou outros ativos tradicionais, as criptomoedas são altamente voláteis e não regulamentadas, exigindo cautela e preparo.

8.2 Como investir em Criptomoedas

Investir em criptomoedas requer planejamento, compreensão dos riscos envolvidos e o uso de plataformas confiáveis. Abaixo, descrevo um passo a passo básico para iniciar com segurança:

1. Estude o Mercado de Criptomoedas

- **Conheça os Ativos**: Aprenda sobre as principais criptomoedas (Bitcoin, Ethereum, etc.) e como elas funcionam. Entenda as diferenças entre cada moeda, especialmente em termos de propósito e volatilidade.

- **Analise as Vantagens e Desvantagens**: Criptomoedas são voláteis e podem apresentar lucros elevados, mas também altos riscos.

2. Escolha uma Corretora de Criptomoedas (Exchange)

- **Corretoras de Confiança**: Opte por corretoras populares e bem avaliadas, como Binance, Coinbase, ou Mercado Bitcoin. Verifique a reputação e a segurança de cada uma.
- **Taxas e Regras**: Cada corretora possui diferentes taxas de negociação, depósito e saque. Leia os termos para evitar surpresas.

3. Crie uma Conta na Corretora e Faça a Verificação

- **Registro e Verificação**: Crie sua conta e complete o processo de verificação exigido pela corretora, que normalmente inclui envio de documentos e autenticação.
- **Configuração de Segurança**: Ative a autenticação em duas etapas (2FA) para aumentar a segurança da sua conta.

4. Deposite Fundos na Corretora

- **Método de Depósito**: Escolha o método de depósito oferecido pela corretora (transferência bancária, cartão de crédito, etc.). Lembre-se de considerar as taxas e o tempo para o valor ficar disponível.

- **Valor Inicial**: Defina um valor que esteja disposto a investir, sempre considerando que criptomoedas são ativos de alto risco.

5. Escolha a Moeda e Realize a Compra

- **Escolha a Criptomoeda**: Selecione a criptomoeda que deseja comprar. Bitcoin e Ethereum são frequentemente escolhidos por iniciantes devido à sua popularidade e aceitação no mercado.
- **Tipo de Ordem**: Você pode realizar ordens de mercado (compra imediata ao preço atual) ou ordens limitadas (comprar quando a moeda atingir um preço específico).

6. Armazene Suas Criptomoedas em uma Carteira Segura

- **Carteiras da Corretora**: Para pequenas quantias ou negociação ativa, você pode manter suas criptomoedas na própria corretora. Contudo, esta opção é mais arriscada devido à possibilidade de ataques hackers.
- **Carteiras Externas**: Use carteiras digitais externas, como wallets de software ou carteiras físicas

(hardware wallets), para guardar criptomoedas com maior segurança.

7. Estratégias de Investimento

- **Compra e Manutenção (Hold)**: Estrutura-se na ideia de manter a criptomoeda por longo prazo, esperando a valorização ao longo dos anos.

- **Trading de Curto Prazo**: Envolve a compra e venda de criptomoedas com frequência para aproveitar a volatilidade do mercado. Exige experiência e análise técnica.

8. Diversifique seu Portfólio

- **Distribua os Investimentos**: Evite investir tudo em uma única criptomoeda. Diversificar ajuda a reduzir riscos e maximizar oportunidades de crescimento.

- **Atenção às Altcoins**: Algumas altcoins (moedas alternativas) podem ter potencial de valorização, mas tendem a ser mais voláteis e arriscadas.

9. Acompanhe o Mercado Regularmente

- **Análise Constante**: Mantenha-se informado sobre as notícias e eventos que possam impactar o mercado de criptomoedas, como mudanças de regulamentação, atualizações de projetos e adoção por empresas.

- **Ferramentas de Monitoramento**: Utilize aplicativos para acompanhar o valor de suas criptomoedas e alertas para mudanças de preço.

10. Esteja Preparado para Oscilações e Riscos

- **Controle Emocional**: Criptomoedas são extremamente voláteis. Prepare-se para oscilações significativas e evite decisões impulsivas baseadas em movimentos bruscos do mercado.
- **Planejamento Financeiro**: Invista apenas valores que você pode perder sem comprometer sua saúde financeira.

Investir em criptomoedas pode ser uma oportunidade interessante, mas requer preparação, disciplina e entendimento do mercado. Ao seguir esses passos e manter-se informado, você pode investir de forma mais segura, sempre considerando que o mercado de criptomoedas é arriscado e dinâmico.

8.3 Vantagens de se investir em Criptomoedas

Investir em criptomoedas oferece uma série de vantagens, especialmente para aqueles que buscam diversificação e novas oportunidades de retorno financeiro. Abaixo, destaco as principais vantagens desse tipo de investimento:

1. Potencial de Alta Rentabilidade

- **Valorização Acelerada**: Algumas criptomoedas, como o Bitcoin e o Ethereum, passaram por períodos de crescimento expressivo em curto espaço de tempo, gerando lucros elevados para investidores que compraram e mantiveram esses ativos.

- **Oportunidades em Altcoins**: Além das moedas mais conhecidas, o mercado de criptomoedas inclui altcoins que, se bem escolhidas, podem oferecer altas taxas de retorno para investidores dispostos a assumir maior risco.

2. Descentralização e Autonomia

- **Controle sobre o Próprio Dinheiro**: Criptomoedas funcionam em uma rede descentralizada (blockchain), o que significa que os investidores têm controle direto sobre seus ativos, sem a necessidade de intermediários, como bancos ou governos.

- **Proteção contra Intervenções Governamentais**: Em alguns contextos, a descentralização das criptomoedas pode proteger o investidor de políticas monetárias locais, como controle de capital ou inflação excessiva.

3. Acessibilidade e Inclusão Financeira

- **Facilidade de Acesso**: Qualquer pessoa com acesso à internet pode investir em criptomoedas, sem necessidade de um valor mínimo de investimento, facilitando o acesso para pequenos investidores.

- **Mercado Global e Sem Fronteiras**: Diferente dos mercados financeiros tradicionais, que podem ter horários limitados de funcionamento, o mercado de criptomoedas opera 24 horas por dia, 7 dias por semana, o que permite maior flexibilidade.

4. Diversificação de Portfólio

- **Classe de Ativo Alternativa**: Criptomoedas representam uma classe de ativo diferente de ações, títulos e imóveis. Isso pode reduzir o risco geral do portfólio, uma vez que seu desempenho nem sempre segue o dos mercados tradicionais.

- **Alta Volatilidade para Estratégias de Risco Controlado**: Embora a volatilidade possa ser vista como um risco, ela também oferece oportunidades de lucro, especialmente para investidores que usam estratégias de trading de curto prazo.

5. Inovação e Avanços Tecnológicos

- **Participação em Projetos de Futuro**: Criptomoedas como o Ethereum introduziram inovações como contratos inteligentes (smart contracts) e aplicativos descentralizados (DApps). Investir em criptomoedas pode ser uma maneira de apoiar e se beneficiar de projetos que moldam o futuro das finanças, da tecnologia e até das redes sociais.

- **Tecnologia Blockchain**: Além das criptomoedas, o blockchain tem sido adotado em diversas indústrias, como logística, saúde e setor financeiro. Investir nesse setor permite que o investidor faça parte de uma tendência tecnológica em crescimento.

6. Possibilidade de Proteção contra a Inflação

- **Reserva de Valor**: Algumas criptomoedas, principalmente o Bitcoin, são vistas como reserva de valor, semelhante ao ouro, por sua oferta limitada. Isso significa que, em tempos de alta inflação ou desvalorização de moedas fiduciárias, o Bitcoin pode ser uma forma de proteção patrimonial.

7. Transparência e Segurança

- **Transações Rastreáveis e Imutáveis**: As transações em blockchain são registradas publicamente e, uma vez registradas, não podem ser alteradas. Isso oferece transparência e segurança.

- **Privacidade e Controle de Dados**: Embora algumas criptomoedas ofereçam privacidade adicional (como Monero e Zcash), os investidores ainda mantêm controle sobre seus dados financeiros, sem interferência direta de intermediários.

Investir em criptomoedas pode oferecer uma série de vantagens atraentes, principalmente para quem busca diversificação, potencial de altos retornos e autonomia financeira. No entanto, é importante lembrar que o mercado de criptomoedas também possui riscos consideráveis e exige uma gestão cuidadosa. Para investidores que compreendem e aceitam esses riscos, as criptomoedas representam uma oportunidade única e inovadora no cenário financeiro atual.

CONCLUSÃO

Chegar até o final deste livro é um grande marco na sua jornada para a independência financeira. Ao longo deste conteúdo, você mergulhou em conceitos e práticas que podem transformar a sua relação com o dinheiro e abrir portas para um futuro mais seguro e alinhado com os seus sonhos. A programação financeira não é um destino fixo, mas sim um caminho contínuo, onde cada passo importa e cada conquista deve ser celebrada.

Agora, você tem uma compreensão profunda sobre como identificar os "vilões" das suas finanças, planejar metas realistas, automatizar processos e investir de forma inteligente. Essas ferramentas são a base de uma vida financeira estável, e a cada escolha consciente que você fizer, estará mais próximo de atingir seus objetivos. A mudança que você busca começa e cresce com pequenos passos – passos que, ao longo do tempo, acumulam resultados poderosos e sustentáveis.

Lembre-se de que essa jornada é sua. É um caminho que exige disciplina, paciência e, acima de tudo, um propósito claro. Nunca subestime a importância de seguir ajustando seu plano financeiro, adaptando-se às mudanças da vida e mantendo-se firme nos seus compromissos com o futuro.

Esse conhecimento é a sua base, e agora é a sua vez de transformá-lo em ações e resultados concretos.

Que este e-book seja apenas o começo de uma caminhada próspera e realizada. Agora, o próximo movimento está em suas mãos. Siga em frente com confiança e determinação, e lembre-se: seu futuro financeiro começa com cada escolha que você faz hoje.

www.ingramcontent.com/pod-product-compliance
Lightning Source LLC
Chambersburg PA
CBHW052334220526
45472CB00001B/412

Max Arden

How I sold 100,000 books without being a writer

Max Arden

How I sold 100,000 books without being a writer

ISBN Code: 9798300747862